Lk 1135.

Cette lettre était imprimée et envoyée chez le brocheur *le jour même* où la mort a frappé si inopinément le vénérable prêtre à qui elle était adressée, et qui n'a pas même pu savoir que l'auteur lui destinait cet hommage.

LETTRE

adressée

A M. L'ABBÉ O'REILLY

Chanoine honoraire,

CURÉ DE MONTFERRANT (Gironde).

LETTRE

ADRESSÉE

A M. L'ABBÉ O'REILLY

CHANOINE HONORAIRE

CURÉ DE MONTFERRANT (GIRONDE).

PAR

Charles des MOULINS

de l'Institut des Provinces et de l'Académie de Bordeaux.

BORDEAUX
TYPOGRAPHIE Vᵉ JUSTIN DUPUY & COMP.
20, RUE GOUVION, 20.

1861

A Monsieur l'Abbé O'REILLY,

CHANOINE HONORAIRE,

Curé de Monferrant (Gironde).

Lanquais (Dordogne), 5 janvier 1861.

Monsieur le Curé,

Vous venez de donner au public le troisième volume de la première partie de l'*Histoire complète de Bordeaux*, à laquelle vous avez consacré vos veilles, depuis tant d'années, avec une si patiente et si fructueuse persévérance. Permettez à l'un de vos souscripteurs, qui n'a pas l'honneur d'être connu de vous, mais de qui toutes les convictions et tous les sentiments sont les vôtres, de s'entretenir quelques instants avec vous des tristes mais grands enseignements qui lui semblent renfermés dans ce volume si bien rempli et, si je puis me permettre l'hommage de cet éloge, si bien réussi.

Je ne viens point exposer ici l'analyse de votre livre, ni grouper chronologiquement les faits nombreux et considérables dont il renferme la relation : ce serait là l'ouvrage de la critique, et ce n'est point d'elle que j'ai l'intention de m'occuper dans cette lettre. Mon seul but est de dégager de votre volume ce qui en constitue la substance historique au point de vue de ce qu'on pourrait nommer la *philosophie politique*. J'y vois, et j'y veux montrer le développement persévérant, implacable, fatal de la *tendance révolutionnaire*, de cette idée fille de l'enfer, éternel objet de mon exécration comme de la vôtre, parce qu'elle ne s'attaque pas à telle ou telle dynastie, à telle ou telle forme de gouvernement, à tels ou tels hommes, mais à toutes les dynasties, à toutes les formes de gouvernement qu'elle tend à rendre impossibles, à tout ce qu'est l'homme en général, famille et société, parce qu'enfin, en dépit des impudentes dénégations des initiés et en dépit des bonnes mais aveugles intentions de leurs dupes, elle s'attaque surtout à la morale, à la religion, à Dieu.

L'histoire de Bordeaux n'est qu'une fraction minime de l'Histoire générale; mais si cette fraction suffit à montrer les exemples et les preuves d'une tendance aussi funeste que générale à une époque donnée, elle suffit à démontrer la vérité de la thèse que je soutiens.

Les quatre dernières années de la Fronde (p. 1-149) occupent une large et lamentable place dans l'histoire de

Bordeaux. Ces conflits, d'origine si mesquine, coûtèrent bien des millions, bien des larmes, bien du sang à la France, et se terminèrent à Bordeaux par la justice faite sur le misérable chef des Ormistes, Dureteste, comme cent ans plus tard, la grande Terreur prit fin, à Paris, par la chute et le supplice d'un criminel plus infâme encore parce qu'il était plus éclairé, Robespierre. Mais ce qui est bien pis que les pertes d'argent et même que les malheurs particuliers d'une province ou la mort prématurée d'individus, hélas! trop nombreux, c'est le coup effroyable que porta à la monarchie, à la France par conséquent, cette coalition de passions et de révoltes individuelles, qui mit tout le sud-ouest en feu. La Fronde ne fit, il est vrai, que couver les cendres des guerres de religion d'où datent tous les maux de la France et de l'Europe, pour les conserver chaudes de façon que le volcan de la grande Révolution fît explosion un peu plus tard et comblât la mesure de ces maux. C'est là un enchaînement fatal, inexorable, qui résulte de l'Histoire générale, mais qui ressort plus particulièrement encore et d'une manière plus saisissante, parce que le cadre est plus circonscrit, de l'Histoire de Bordeaux.

Tout cela est dans votre livre, Monsieur le Curé, et si vous ne l'avez pas mis en relief, en votre propre nom, par un coup-d'œil d'ensemble où vous auriez prononcé votre jugement, c'est sans doute parce que vous n'avez pas voulu vous

poser devant vos lecteurs en qualité d'écrivain de parti pris.
Mais, honnête homme, catholique et prêtre, vous ne pouviez
vous refuser et vous ne vous êtes effectivement pas refusé la
liberté de laisser voir vos honorables sentiments : historien,
vous seriez demeuré dans l'exercice d'un droit imprescrip-
tible (et que *d'autres* ne se privent certes pas d'exercer!), en
prononçant votre verdict sur les résultats des causes que
vous aviez à dérouler aux yeux du lecteur. Dans cette longue
et persévérante guerre du mal contre le bien, la cause effi-
ciente, immédiate des lamentables *résultantes* dont la France
a été victime, c'est la substitution continuelle, universelle,
du faux au vrai. C'est d'abord l'hérésie qui frappe le premier
coup, et qui détermine la marche successive de tous les
autres, en s'efforçant de se substituer à la vraie foi de
l'Eglise et qui y réussit partiellement. Ce sont ensuite les
ambitions personnelles, les orgueils froissés, les cupidités
inassouvies, qui se déguisent sous le masque des intérêts
généraux. Ce sont encore les défaillances de caractère, l'effa-
cement de la loi du devoir devant la recherche et la pour-
suite des droits, les inconséquences même de l'esprit de corps
ou de dévouement, qui se grossissent jusqu'à obtenir la désas-
treuse puissance des plus furieuses passions. Ce sont enfin
les passions elles-mêmes, la démoralisation universelle, fruit
essentiel et fondamental de la révolte contre la Foi, qui
prennent le haut bout dans les actions des hommes, et qui

substituent l'homme à Dieu dans le gouvernement du monde.

J'ai parlé de *défaillances*, d'*inconséquences* : ce sont des mots bien petits! Mais leur ai-je attribué des effets trop grands? Pourrait-on en juger ainsi, en présence de ce premier prince du sang royal, qui parle sans cesse (et ses partisans plus haut encore que lui) de son dévouement et de son amour pour le roi auquel il désobéit? Ce prince sut, après son retour au devoir, mériter le nom de *Grand*; mais certes il ne le gagna pas, — personne en France n'aurait assez peu de vergogne pour le prétendre, — il ne le gagna pas, dis-je, quand il osa écrire à son confident Lenet (12 juillet 1652, p. 91) : « Je persiste toujours dans la pensée de nous joindre » à tous ceux de l'Ormée, *puisque ce parti se trouve* de beaucoup *plus fort que l'autre!* » Et pourquoi prendre la détermination, tant de fois fatale à ceux qui l'ont prise depuis Condé, de se mettre à la tête de la révolution pour la diriger et en recueillir les fruits?.... « Parce qu'on n'a pu réduire » ce parti ni par adresse ni par autorité, ce que je crois » qu'il vault mieux faire que de hazarder de PERDRE BOR-» DEAUX en fesant aultrement. » Et le 8 septembre suivant, il écrivait encore à Lenet (p. 95) : « Témoignez à ces mes-» sieurs de l'Ormée que je suis bien aise de la résolution » qu'ils ont prise de le raser » (le château du Hâ) « et que » c'est une chose que je désirais, il y a fort longtemps, pour » leur satisfaction. *Ce que je crains*, c'est que cela ne serve

» de prétexte pour raser Montron » (un château-fort *qui lui appartenait!*) « .... Il vous faut bien prendre garde.... de » vous ranger toujours du côté *des plus forts!* » etc.

Ce que j'ai dit plus haut est donc vrai : but de révolte et d'ambition, petitesse et bassesse de moyens!

Et que les hommes estimables qui professent le culte des souvenirs et le respect de la monarchie ne viennent pas vous reprocher, Monsieur le Curé, d'avoir laissé lire la signature de Louis de Bourbon au bas de ces humiliantes lignes! Si Dieu a fait les nations *guérissables* (1), à plus forte raison a-t-il laissé aux faibles humains, si enclins à faillir, la ressource infaillible du repentir; et il l'a fait avec tant d'éclat et d'authenticité, que le principal représentant parmi nous du père du mensonge n'a pu s'empêcher de proclamer cette vérité, « qu'il fît du repentir la vertu des mortels. » Cette vertu, Condé l'a eue, et il en a reçu la récompense ici-bas par le pardon de Louis-le-Grand, et par celui de l'Histoire qui lui a fait partager ce titre avec son parent et son maître.

Historien de la Fronde, vous avez donc été fidèle à votre mission en ne cherchant point à cacher ces fautes, et c'est avec bonheur que j'ose vous le dire, vous avez scellé tout ce livre du même et honorable cachet d'impartialité. Au commencement même du volume, et en présence des inqualifiables violences du duc d'Epernon, vous aviez à dire votre

(1) *Nationes facit sanabiles.*

mot sur l'ensemble de la politique de Mazarin, et vous l'avez dit ; je regrette seulement que vous l'ayez fait *en note* et comme timidement. Historien, vous aviez le droit de le dire dans le texte, et vous n'avez repris l'exercice de ce droit, de ce devoir, que dans d'autres occasions. J'aime à les rappeler ici, ces occasions, parce que j'aime à faire ressortir aux yeux des honnêtes gens le respect de la vérité, l'esprit d'impartiale et sévère justice, l'habitude d'une inflexible répartition du blâme et de l'éloge mérités, qui doivent constituer le caractère d'un écrivain chrétien et qui vous donnent droit aux justes louanges que je vous prie d'accepter de ma part. La critique adversaire vous poursuivra certainement de ses malédictions, en dépit de tout ce qu'elle sera bien aise de voir dire par vous à la charge des hommes dont elle voudrait ruiner l'estime. Elle vous poursuivra, parce que vous êtes prêtre et que nul ne peut douter de vos sentiments irréconciliables avec l'esprit révolutionnaire ; mais là même sera votre récompense et votre honneur, car il ne s'agit pas de défendre les hommes, — ils sont tous faillibles ; mais il s'agit de défendre les principes de religion, de devoir, d'honneur, de morale, de probité, — et ceux-là sont indéfectibles !

Vous avez donc bien fait, Monsieur, de ne pas plus dissimuler les torts des agents de la Couronne, que les torts des princes et de la Couronne elle-même.

Parmi les premiers, vous avez appelé devant le tribunal

de la postérité le duc d'Epernon, qui avait déjà tenu une si odieuse place dans votre précédent volume ; — Mazarin, « le vrai représentant de l'autorité » légitime (p. 12), mais à qui il ne faut pas faire trop d'honneur de l'inviolabilité de son affection pour la majesté royale, car alors cette affection subsistait dans presque tous les cœurs, même dans celui des princes révoltés, des parlements si obstinément récalcitrants, des jurades, enfin de tous ceux qui n'appartenaient pas à la plus basse lie de la tourbe franchement révolutionnaire, Mazarin, qui n'était pas Français, ne pouvait être pur dans son affection pour les intérêts de la Couronne comme Richelieu avait pu l'être. Son intérêt à lui, c'était son ambition pour sa famille, qu'il réussit en effet assez bien à pourvoir, et le défaut inhérent à tous ses actes fut le contact de ses qualités avec la fourbe italienne, dont il ne sut ni ne voulut se défaire. Il continua Richelieu, mais il n'avait pas le cœur assez haut pour le reproduire.

Vous avez montré combien fut cruelle, sauvage, pourrait-on dire, la vengeance que le maréchal d'Albret tira sur les Bordelais, dont l'esprit d'insoumission lui en fournissait par malheur le spécieux prétexte, du parlement qui avait mis trop de lenteur à poursuivre le duelliste meurtrier de son frère (p. 171, en 1671). Cette vengeance toute personnelle et indirecte était, par là même, lâche et honteuse : elle fait tache à sa mémoire.

Vous avez été juste à l'égard du maréchal de Richelieu, qui sut joindre toutes les turpitudes d'une immoralité déhontée à toutes les extravagances de l'orgueil despotique et capricieux du duc d'Epernon. Vous avez infligé un blâme équitable à ces maréchaux de France qui, réunis en *tribunal du point d'honneur,* n'eurent pas honte de sacrifier à l'irascible vanité d'un homme que ses seuls exploits militaires rendaient digne d'être leur collègue, un homme d'honneur, le vicomte de Noé, dont le seul crime était d'être resté fidèle à ses devoirs de maire de Bordeaux (p. 305, en 1758); et vous avez rendu un juste hommage au parlement qui, par ses remontrances énergiques sur ce triste sujet, s'attira de la part du maréchal une vengeance assouvie seulement après douze années (p. 307, en 1771).

Mais ce n'est pas à ces grands du second ordre que vous avez limité les censures que l'historien consciencieux doit à leurs méfaits. Je vous ai déjà loué, Monsieur le Curé, de n'avoir pas jeté un voile sur ceux des Princes de la Fronde, et vous avez encore rempli votre devoir en ne dissimulant pas les suites funestes de la fiscalité du gouvernement du grand Roi. Elles ont été bien déplorables, non-seulement par les misères qu'elles amassèrent sur la tête du peuple d'alors, mais par l'esprit de déclassement dont elles favorisèrent puissamment le progrès. Louis XIV s'est accusé lui-même d'avoir trop aimé la guerre, et la France a été prompte à lui pardonner une faiblesse si sympathique à son propre caractère et qui lui a valu tant de gloire et de grandeur. Mais l'accroissement du luxe et la vénalité des charges ont creusé des plaies profondes ; elles ont puissamment contribué aux progrès de l'œuvre révolutionnaire. Vinrent ensuite les hontes du palais de Louis XV et leur action délétère sur les mœurs de la nation tout entière. Les sublimes vertus de Louis XVI, son ardente affection pour un peuple qui n'était plus digne de lui, furent assez fortes pour lui faire expier au prix de tout son sang les erreurs et les fautes de ses prédécesseurs, mais non pour lui donner le bonheur de réparer leurs ravages.

« Plus nous avançons, » dites-vous au début du chapitre ii du xive livre (p. 401), « plus nous avançons, plus nous allons
» trouver des ruines ou des éléments de dissolution sous nos
» pas ; le désordre était partout, on voulait du neuf : l'indé-
» pendance, le mépris de tout contrôle étaient devenus le
» caractère de l'époque, et l'on courait imprudemment et
» sans souci à l'inconnu. Les parlements empiétaient sur les
» droits du prince, disaient les ministres ; le prince, en ne
» voulant ni de leur contrôle ni de leur résistance, désirait
» se défaire des parlements qui gênaient la marche et l'action
» gouvernementales. »

Cette excellente page, si profondément empreinte de vérité historique et philosophique, vous la reproduisez sous une nuance différente, au début du chapitre suivant (p. 429).

» Nous arrivons, » dites-vous, « à une époque où l'esprit
» d'innovation avait gagné toutes les classes et tourné toutes
» les têtes : on cherchait le bien, on explorait l'inconnu, et,
» sans s'en douter, on marchait dans les ténèbres vers un
» bouleversement général. La corruption des mœurs débor-
» dait, comme un torrent infect, des hautes régions de la
» hiérarchie sociale jusques dans les classes populaires. Un
» esprit d'analyse et de scepticisme s'était infiltré partout,
» s'attaquait à tout et invoquait hardiment une réforme dont
» on ne prévoyait pas les conséquences. Le mal semblait
» sans remède. »

Il l'était en effet, Monsieur! et c'est encore à vous que j'emprunte une phrase qui contient la clef de tous ces désordres, la lumière qu'il faut que les hommes de principes portent aujourd'hui dans les profondeurs de ce chaos. Vous dites (p. 402) : « C'était le germe de la démocratie que les
» grands Corps de l'Etat déposaient, sans s'en douter, pour
» leur perte, dans le sein de la société en France. » Cela est vrai, lamentablement vrai! et c'est là précisément le thème que je me suis proposé de développer, aussi brièvement que possible, dans cette lettre.

Oui! la pensée infernale, inspiratrice de la Réforme, a été le principe direct de la Révolution sociale qui a éclaté en 1789. Chacun des évènements politiques et sociaux qui se sont succédé, pendant ces trois siècles, a été un pas mesuré, règle, rationnel vers le but, un développement logique des précédents, une position conquise pour assurer les progrès futurs.

Mais cette révolution d'abord française, puis européenne et qu'aujourd'hui l'on peut dire universelle, *n'était pas le but final de l'idée révolutionnaire.* Ce n'était qu'une halte ; non-seulement on l'avoue, mais quelques-uns le proclament aujourd'hui sans nul déguisement. Ce n'est pas aux supériorités de la fortune ou de la naissance, ce n'est pas à l'autorité politique (on sait si bien se courber, s'aplatir devant elle quand la peur ou l'intérêt l'exigent!), ce n'est pas aux rois, bons ou mauvais, que l'on crie : « Nous ne voulons pas « de vous! » (1). C'est à Dieu, à Dieu seul! Toujours le même cri, poussé une fois dans les profondeurs du ciel par les anges rebelles, une seconde fois par les Juifs devant le prétoire de Pilate, et maintenant avec le décevant mirage d'un succès plus durable, par le paganisme, le mahométisme, l'hérésie et les renégats du catholicisme.... et toujours contre Dieu, contre Dieu seul!

On le nie effrontément, et on le niera plus ou moins longtemps encore selon les besoins de la cause. Proudhon s'est trop hâté de dire son *delenda Carthago,* comme aussi Voltaire avait parlé trop vite. « Dieu, c'est le mal, » voilà le seul et dernier mot de l'esprit révolutionnaire que j'ai caractérisé en

(1) *Nolumus hunc regnare super nos.*

commençant cette lettre, par le double but auquel il tend : substitution volontaire du faux au vrai, substitution volontaire du mal au bien.

J'espère, par cette déclaration de mes principes et de ma profonde conviction, m'être mis à l'abri de la reconnaissance de ceux de nos adversaires qui trouveraient que je fais bien beau jeu à leurs haines. Je ne crains pas en effet d'approuver les honnêtes gens, lorsqu'ils signalent hardiment tout le mal qui s'est fait au nom et sous l'autorité des principes qu'ils soutiennent, et ce n'est pas nuire à leur cause, que d'user de cette noble franchise. Il y a dans le bien, dans le vrai, dans le juste, une force intrinsèque et divine que nos adversaires ignorent, ou plutôt qu'ils méconnaissent, aveuglés qu'ils sont par « l'esprit de vertige et d'erreur » qui a toujours, en définitive, fait échouer les efforts tentés par les hommes contre Dieu ; et cette force est telle qu'elle ne craint nullement de s'affaiblir par l'aveu de faiblesses individuelles et passagères comme les individus qui s'en sont rendus coupables. Aussi ne devons-nous point regarder comme un affaiblissement de nos principes, l'aveu de ce qu'il y a de bien et de bon dans les sentiments et dans les actes d'un certain nombre de ceux que nous accusons pourtant d'avoir servi l'œuvre mauvaise de la Révolution.

Les parlements, par exemple ! Celui qui nierait les vertus privées, les vertus religieuses et civiques qui honoraient la plupart de leurs membres, celui qui nierait leur attachement à la monarchie, le dévouement personnel dont ils étaient en général animés pour la race auguste de nos rois, et en même temps pour les intérêts de leurs peuples, celui-là mentirait à sa conscience comme il mentirait à l'Histoire. Mais le génie destructeur qui minait sourdement les bases de la société, avait soin de laisser à ces grands Corps leurs vertus, à la noblesse son dévouement chevaleresque, aux peuples des souffrances trop réelles et de trop justes sujets de plaintes, afin de troubler la vue des sages et d'envelopper d'obscurité les sentiers du devoir. De là cette confusion, cet aveuglement que vous signalez avec tant de justesse, Monsieur, quand vous parlez de l'esprit d'indépendance, du mépris de tout contrôle, des empiètements réciproques, de la passion des innovations, de la recherche du bien à travers les abîmes de l'inconnu, de la tendance analytique et sceptique qui s'attaquait à tout et invoquait hardiment des réformes dont nul ne pouvait prévoir les conséquences.

Le peuple souffrait-il, les finances étaient-elles obérées? Les parlements se souvenaient aussitôt des priviléges antiques, des édits de nos rois qui enjoignent la désobéissance à leurs ordres, si ces ordres étaient jamais contraires à la constitution fondamentale de l'Etat. Alors surgissaient ces remontrances que vous avez si souvent et si justement qualifiées d'*admirables* par le fond comme par la forme ; alors surgissaient ces résistances, souvent bien louables *dans l'espèce,* mais irritantes pour le pouvoir et ses agents qui, à leur tour, mettaient leur devoir et leur honneur à les briser.

Tout cela, je ne saurais assez le répéter, tout cela n'était que les industries du mal pour se substituer au bien. L'ange de ténèbres se déguisait en ange de lumière; le loup se revêtait de la toison de l'agneau, et le bandeau s'épaississait sur les yeux des hommes les mieux intentionnés, pour que le champ restât plus libre aux efforts de cet esprit de destruction qui sait combien il y a de profit — permettez-moi cette expression triviale, — à *pêcher en eau trouble.*

Aujourd'hui que son œuvre est si avancée, aujourd'hui qu'elle offre déjà un passé si long, elle se dessine plus nettement à nos yeux et nous pouvons, comme à distance, en embrasser l'ensemble.

Arrêtons-nous d'abord sur l'uniformité de sa marche; c'est une grande preuve à la fois de la persévérance des efforts et de l'unité du but. La Réforme, ai-je dit, est le point de départ. Vous voyez toujours chaque phase révolutionnaire commencer par des vœux pour la destruction des abus, se continuer par la révolte ouverte contre l'autorité, et aboutir aux massacres : ainsi, à Bordeaux, l'Ormée et Dureteste, — la gabelle et l'héroïsme du jurat Fontenel, et l'assassinat du conseiller Tarneau; — les cahiers des Etats-Généraux, les clubs, et la place Dauphine où commande Lacombe! Voilà la marche invariable des évènements partiels dans cette lutte entreprise, disent-ils, pour le bien de l'humanité, pour la liberté humaine! Si l'on veut juger sainement cette liberté, il faut la juger par les fruits qu'elle porte à chacune de ses étapes (1).

Mais tout ceci ne met pas assez clairement en jeu l'action de la Réforme dans l'œuvre révolutionnaire : allons aux détails. La puissance qui personnifie et résume le mieux la Réforme, c'est l'Angleterre. Eh bien! l'Angleterre, ennemie éternelle, avouée de la France, sera toujours la cordiale alliée de nos révolutionnaires, de nos soi-disant *patriotes*, et des aveugles dont ils réussiront à diriger les actes. En 1653 (p. 99), le prince de Conti, lâche courtisan de l'Ormée, accrédite des envoyés bordelais auprès de Cromwell, pour « faire « tous traités, associations et alliances avec Messieurs du « parlement de la république d'Angleterre, pour obtenir « d'eux des secours nécessaires d'hommes, de vaisseaux et « d'argent, pour les rétablir » (les Bordelais) « dans leurs « anciens priviléges et leur faire respirer un air plus libre. » Ces envoyés devaient promettre à Cromwell *un port dans la rivière de Bordeaux* pour y abriter ses vaisseaux, *lequel il pourra fortifier à ses frais. On lui permettra d'assiéger et de prendre Blaye* et même La Rochelle, et les troupes du parti les aideront!!! (p. 100).

(1) *A fructibus eorum cognoscetis eos.*

Cromwell eut assez de probité — ou assez de prévoyance, — pour ne pas faire cas de ces avances, corroborées même de l'offre de la liberté du commerce ; mais deux cents ans plus tard, Louis Blanc et Ledru-Rollin, réfugiés à Londres, y ont été recueillis, réchauffés par le souffle d'une *entente cordiale* née des sympathies d'un monarque fils de régicide. Ah! quand la France comprendra-t-elle donc qu'être ami de l'Angleterre, c'est être ennemi de la France, et que celui-là, s'il est Français, lui est traitre qui, politiquement parlant, aime l'Angleterre? Rendons cette justice à Napoléon Ier : s'il coûta bien des larmes et bien du sang à notre patrie, ce ne fut pas du moins en courtisant l'Angleterre !

Après avoir étudié les faits révolutionnaires dans leur uniformité, étudions-les dans leur aggravation successive, dans leur enchaînement logique, inexorable, infaillible comme une progression mathématique. Si le Régent demeure fidèle et refuse d'imiter Condé dans sa rébellion, il fait néanmoins l'œuvre de la Révolution en poussant jusqu'à l'infamie personnelle les tendances galantes du prince de Conti. Vient ensuite son petit-fils, Philippe-Egalité qui ramasse tout, infamie et rébellion, mais qui fait celle-ci à son image, basse comme la popularité de ce Conti que les Ormistes appelaient *imbécile,* lâche comme son propre cœur, — Philippe-Egalité, ce prince du sang dont le parlement de Bordeaux demandait à grands cris, en 1788 (p. 512), le rappel à Louis XVI, comme il avait demandé celui de Condé pendant la Fronde, — ce prince du sang qui poussa la rébellion jusqu'à l'ambition du diadême et jusqu'au régicide. Enfin, vient Louis-Philippe qui rejette loin de soi l'infamie personnelle des mœurs, mais qui retrouve, dans la boue formée par le sang de son père, le bandeau royal dont celui-ci n'avait pu ceindre son front; — et Louis-Philippe consomme le forfait qui faisait horreur à son aïeul le Régent. Il réussit — c'est tout dire, au siècle où nous sommes, — et la France révolutionnée est à ses pieds, jusqu'au jour où le souffle de la justice de Dieu le balaie de la face de la terre.

Allons plus avant, maintenant, dans l'étude de l'œuvre de la Réforme, considérée sous le point de vue religieux de son action. Comme, au XIII° siècle, les ordres de Saint-François et de Saint-Dominique avaient été spécialement opposés par la Providence à l'influence délétère des hérésies des Albigeois et de leurs consorts, de même, au XVI° siècle, une milice nouvelle est instituée pour combattre en face le protestantisme et toutes les tendances mauvaises dont il devait servir si activement les intérêts. De ce moment, toutes les haines révolutionnaires sont dirigées principalement, uniquement en apparence, contre la *Compagnie de Jésus*. Ce n'est pas sans raison que son illustre fondateur lui impose un pareil nom, qui semble dicté par une inspiration divine. La *Compagnie de Jésus!* Ces mots sont à la fois le titre de son honneur, le code de ses devoirs, la prophétie de son histoire. Comme le divin maître, elle chassera un jour les vendeurs du Temple ; mais elle sera chassée à son tour, maudite, poursuivie, traquée, jamais vaincue, jamais détruite! Est-ce qu'on a jamais détruit le règne de Jésus-Christ, depuis dix-huit cents ans qu'il dure? Et pourquoi son règne subsiste-t-il toujours? C'est qu'il est toujours là lui-même et que les hommes, fussent-ils tous coalisés ensemble, ne peuvent le détruire. La Compagnie qui porte son nom veille debout à la porte du sanctuaire : elle doit être traitée comme le maître. L'esprit de mensonge continuera l'œuvre à laquelle il consacre tous ses efforts, et jettera le trouble et l'aveuglement jusques dans des consciences honnêtes et sincèrement religieuses ; il leur fera prendre le change qu'il ne prendra pas lui-même ; il affectera de séparer la cause des Jésuites de la cause du clergé, de celle du catholicisme, quoiqu'il sache bien qu'elles ne sont pas différentes ; — les Juifs prétendaient bien, un jour, prendre contre Jésus-Christ la défense de la gloire de son Père! Aussi, et les consciences dévoyées aidant à l'œuvre sans le savoir, le *tolle* universel est crié devant les trônes des rois, comme il l'a été devant le banc de justice de Pilate. Celui-ci condamna Jésus et le fit mourir, comme ceux-là condamnent et chassent la *Compagnie de Jésus*. Un pape a même la douleur de céder en gémissant à des exigences qui lui semblent trop puissantes pour que sa volonté leur résiste...

Trois jours se passent, et cette parole retentit jusqu'aux extrémités du monde. *Surrexit, non est hic !....*

Il en sera des disciples comme du divin maître, et vous l'avez dit, Monsieur le Curé, dans ces excellentes pages où vous avez raconté les courageuses luttes des Jésuites contre les Jansénistes (p. 228, 309, 311, 321), leur expulsion de Bordeaux, les calomnies dont on crut les accabler, les justifications que leur mérite arracha à Voltaire, à d'Alembert, à l'astronome Lalande, à La Chalotais lui-même qui fut pourtant l'un des instruments les plus apparents de leur exil. Vous l'avez dit avec l'éloquence du cœur (p. 311), quand vous avez rendu ces justes hommages « à cet admirable corps
» qu'on humilie, mais qu'on ne détruit pas ; que les révolu-
» tions chassent, mais que la paix ramène ; que l'on con-
» damne à l'ignominie, mais qui ressuscite à la gloire ! »

Il n'en faut pas davantage pour faire comprendre la haine qui dicta l'expulsion de la *Compagnie de Jésus*, les malheurs qui suivirent cette expulsion, et les motifs qui poussent aujourd'hui les révolutionnaires à recommencer leurs clameurs et leurs attaques contre les Jésuites, *grenadiers du catholicisme* et en même temps, puisqu'ils ont enfin jeté le masque, contre le catholicisme lui-même. Le but qu'ils poursuivent, ce sont les choses que vous avez racontées (p. 320, 321) :
» L'Ordre tomba, et comme s'il était réellement une des co-
» lonnes nécessaires de l'édifice social, il entraîna dans sa

» chute les parlements, le roi et même la royauté. Son
» expulsion fut un crime commencé en 1762 et consommé
» en 1793 par la mort des princes et des prêtres.... La
» destruction de l'Ordre était l'œuvre des amis de Port-Royal
» et le triomphe des protestants et des révolutionnaires.
» 1793 n'était pas loin ! »

C'étaient pourtant de fort honnêtes gens et des chrétiens fort sincères que ces *amis de Port-Royal,* ces Jansénistes qui comptaient tant d'alliés dans les parlements ! Mais il faut voir ici l'emploi puissant que fit l'esprit révolutionnaire des vertus mêmes de ceux qu'il poussait à l'abîme. Les Jansénistes, ces *protestants du catholicisme,* protestants *par l'esprit,* catholiques *par les mœurs,* firent servir sans le vouloir l'austérité même de leur vertu à voiler l'œuvre de destruction à laquelle ils coopéraient en aveugles. C'étaient des hérétiques, mais dont la majorité, ce me semble, était de bonne foi, dans les commencements du moins : ils ne perdirent cette bonne foi et ses immunités que quand ils se refusèrent à la soumission envers l'autorité dogmatique, et alors ils devinrent de francs alliés de l'œuvre révolutionnaire. Vous voyez poindre l'aurore funeste du triomphe de l'impiété, dans tous les actes officiels qui datent de la seconde moitié du xviiie siècle. Alors déjà *la loi,* à laquelle nous avons aujourd'hui l'effroyable imprudence de laisser le caractère *athée* que lui imprima la Révolution, n'en était pas encore atteinte ; mais ce caractère funeste gagnait chaque jour du terrain dans les actes officiels et jusques dans ces remontrances, d'ailleurs si nobles et si belles, que les parlements et les corps constitués faisaient entendre au roi. Le président Le Berthon, dont vous avez si chaleureusement peint le caractère et les vertus, avait beau s'aller agenouiller avec son fils devant le Saint-Sacrement (en 1774, p. 404) pour remercier Dieu de la restauration des parlements : c'était le cœur d'un catholique, mais d'un particulier, qui se prosternait humblement et avec reconnaissance devant le Souverain Maître de toutes choses. Rentré au palais, chef du parlement, Le Berthon prenait la plume au nom de ce corps, et Dieu semblait oublié. Les remontrances d'alors eussent convenu au premier sénat venu, de Sparte, de Rome, de Londres ou des Etats-Unis.... c'était déjà comme de nos jours !

Mais heureusement pour la gloire des honnêtes gens, la Révolution ne se trompait pas plus qu'elle ne le ferait aujourd'hui, sur leur compte. Ils n'étaient pas ses véritables amis ; elle avait bien voulu se servir d'eux pour voiler décemment et pour aider inconsidérément son travail ; mais à mesure que ce travail avança, elle le découvrit de plus en plus ; elle fit son triage, et les ouvriers qui ne lui appartenaient pas par le cœur furent envoyés à l'échafaud.... Encore une preuve du but et de la moralité de la Révolution : *c'est à ses fruits qu'elle se fait reconnaître !*

J'ai achevé, Monsieur, la tâche sommaire que je m'étais imposée, — montrer les progrès de l'œuvre révolutionnaire pendant les deux cents années dont votre nouveau volume esquisse l'histoire.

« Mais vraiment, vous vous condamnez vous-même, » pourraient me dire nos adversaires; « vous nous montrez un
» enchaînement continu, irrésistible, fatal, dans les efforts
» qui sont faits depuis la Réforme, et qui ont été tentés bien
» des fois auparavant, pour atteindre le but auquel nous
» tendons! Ce but est donc un besoin de l'humanité, et la
» Providence, que vous invoquez, semble y tendre elle-
» même : nous avons donc raison, et vous avez tort ; ce que
» vous appelez le bien, c'est donc le mal, et ce que vous
» appelez vrai, le faux! »

Oui, j'en conviens! il y a des hommes qui peuvent parler ainsi; mais ce sont ceux qui, sciemment ou insciemment, effacent le nom de Dieu de l'histoire, du gouvernement et des destinées du monde. Il y a des hommes qui peuvent parler ainsi; mais ce sont ceux qui mentent à leur conscience, ou dont les mensonges des initiés égarent la conscience. Les uns et les autres se rient de nous : laissons-les faire, car nous ne parlons pas plus que nous n'agissons en vue de nous concilier leurs applaudissements. Laissons-les faire, car leur réveil viendra; le temps, si long pour nous, ne compte pour rien dans l'éternité qui enveloppe la création. Commencée à son aurore, la lutte durera jusqu'aux dernières lueurs de la lumière créée, et il n'est pas contraire aux enseignements de l'Histoire, pas plus qu'à ceux de la Foi, de croire qu'à chacune de ses recrudescences, cette lutte devient plus acharnée et plus terrible. Le monde physique est arrivé, à travers les secousses les plus violentes, à une période d'ordre et de tranquillité. Ce n'est qu'après son anéantissement que le monde moral dont il a été fait l'instrument passager, atteindra à la tranquillité immuable : jusques-là, il n'y aura que des années — ou des siècles, qu'importe? — de calme et de paix. Une de ces périodes suffit au bonheur et à la gloire de bien des nations, et c'est là la seule ambition qui leur soit permise, le seul but auquel leurs efforts puissent coopérer.

Et pour atteindre à ce but si désirable quoique transitoire, nous invoquons la Providence, parce que ses décrets sont immuables et ses promesses indéfectibles. Dieu a livré le monde aux disputes des hommes, jamais à leur gouvernement. Il leur laisse leur liberté de vouloir, leur liberté d'agir, puis, selon qu'ils ont usé de cette liberté, il arrête au point où il le veut la réussite de leurs projets, et alors il se fait une halte dans la lutte, ou une perturbation dans l'ordre.

Comment useront maintenant les hommes de cette liberté d'agir que Dieu leur laisse?

Je le répète : à propos d'une Histoire de Bordeaux, ce n'est pas de Bordeaux que j'ai parlé, ce n'est pas de la France, c'est du monde entier qui s'agite sous les étreintes de la convulsion révolutionnaire. Il ne s'agit pas ici, encore une fois, d'une dynastie, d'une constitution, d'une forme de gouvernement quelconque. La révolution, la vraie révolution n'est pas là : elle est dans le sentiment intime d'une société quelconque, qui peut, si elle obéit à l'esprit de désordre, se plonger dans le chaos ; tandis qu'au contraire, si elle veut sincèrement, fortement le bien, elle soutiendrait vaillamment et longtemps la lutte contre l'esprit du mal qui ne cessera de s'agiter dans son sein.

Si, après m'être élevé des faits particuliers de notre histoire locale jusqu'au faîte des généralités philosophiques, je veux chercher leur application pratique, il est juste que, Français, je la cherche dans ce qui nous touche de plus près, dans l'histoire de notre glorieuse et chère patrie. La France, *une* par la configuration du sol, s'est formée par la fusion de races bien diverses et de quelques débris du colosse romain. Née de la dissolution de ce colosse, la monarchie l'a prise, il y a quatorze siècles, des bras de la barbarie. Elle l'a façonnée à sa propre image, incompatible avec la forme républicaine qui a suffi à la prospérité d'autres peuples moins nombreux.

Le nourrisson de la monarchie a eu ses caprices, et l'on sait comment il en a été châtié et comment il est rentré dans le moule propre à sa nature, mais sans éteindre le germe de l'inextinguible lutte du bien et du mal. L'esprit guerrier de la nation, le génie de ses capitaines et de ses hommes d'Etat, les vertus de ses plus grands rois, sa constitution qui appelait les peuples à consentir à la Loi, ont suffi pour maintenir la France au premier rang parmi les nations civilisées, tant qu'elle s'est gouvernée sous la direction souveraine et comme sous la main de Dieu. Quand elle s'en est éloignée, elle a vu commencer ses malheurs, et l'esprit du mal a repris une force chaque jour grandissante. Alors, la grandeur et les vertus des rois, le génie des guerriers, la fidélité personnelle des nobles et des magistrats, les vues honnêtes et intelligentes des administrateurs, ont perdu leur nerf : on avait écarté la main toute-puissante qui, seule, sût tenir le gouvernail et commander à la fois au navire et à la mer.

Cependant, il n'est pas submergé, ce navire! Bien que repoussée, la main de Dieu n'est pas loin, prête à ressaisir la barre si on la lui rend, à frapper peut-être si on la lui refuse encore, mais sûre en tous cas, au premier signe de sa volonté, de rendre le gouvernement du monde à sa providence paternelle ou à sa rigoureuse justice.

Daignez agréer, Monsieur le Curé, l'hommage de mon profond respect.

Charles des MOULINS
de l'Institut des Provinces et de l'Académie de Bordeaux.

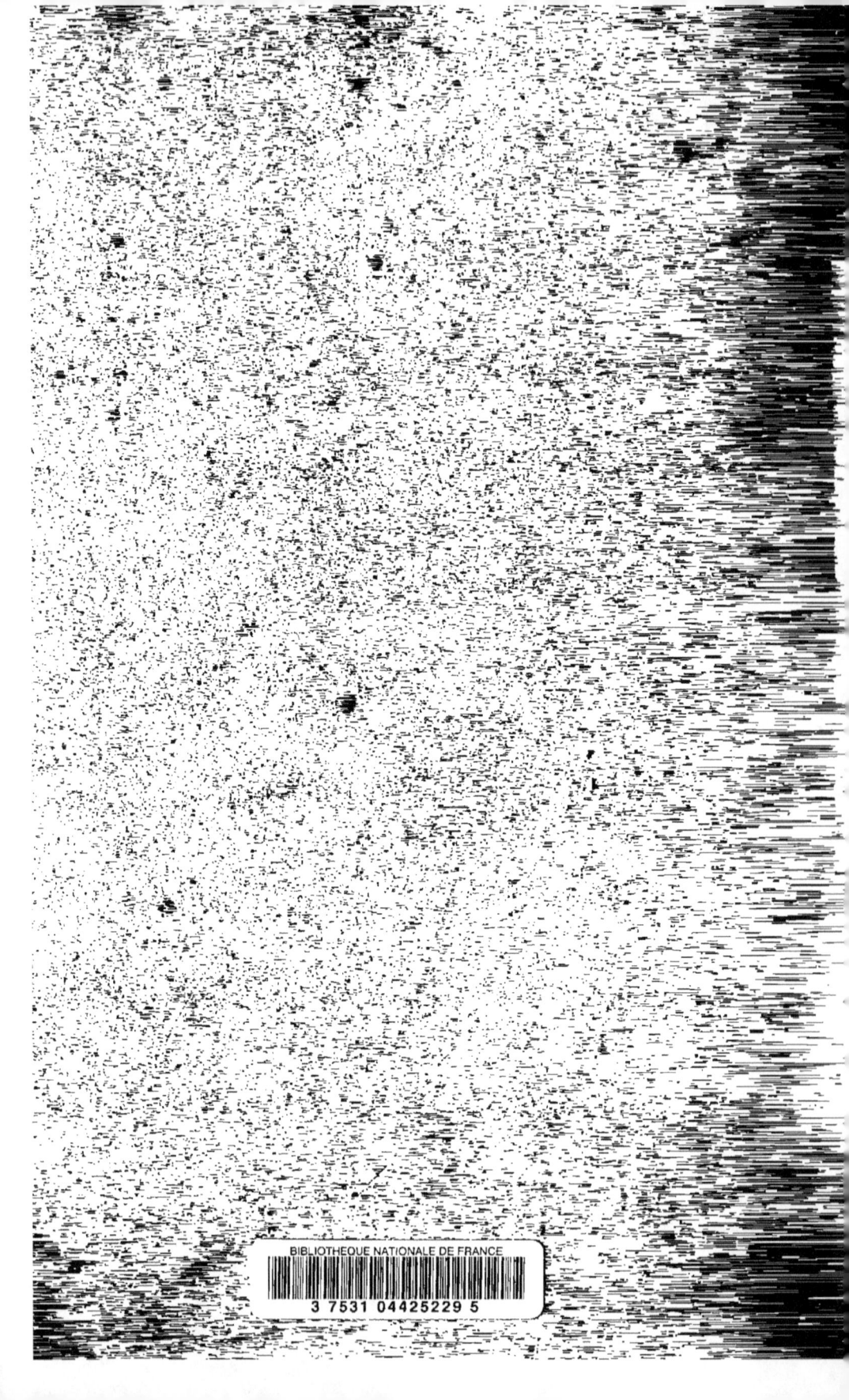

www.ingramcontent.com/pod-product-compliance
Lightning Source LLC
Chambersburg PA
CBHW060514050426
42451CB00009B/975